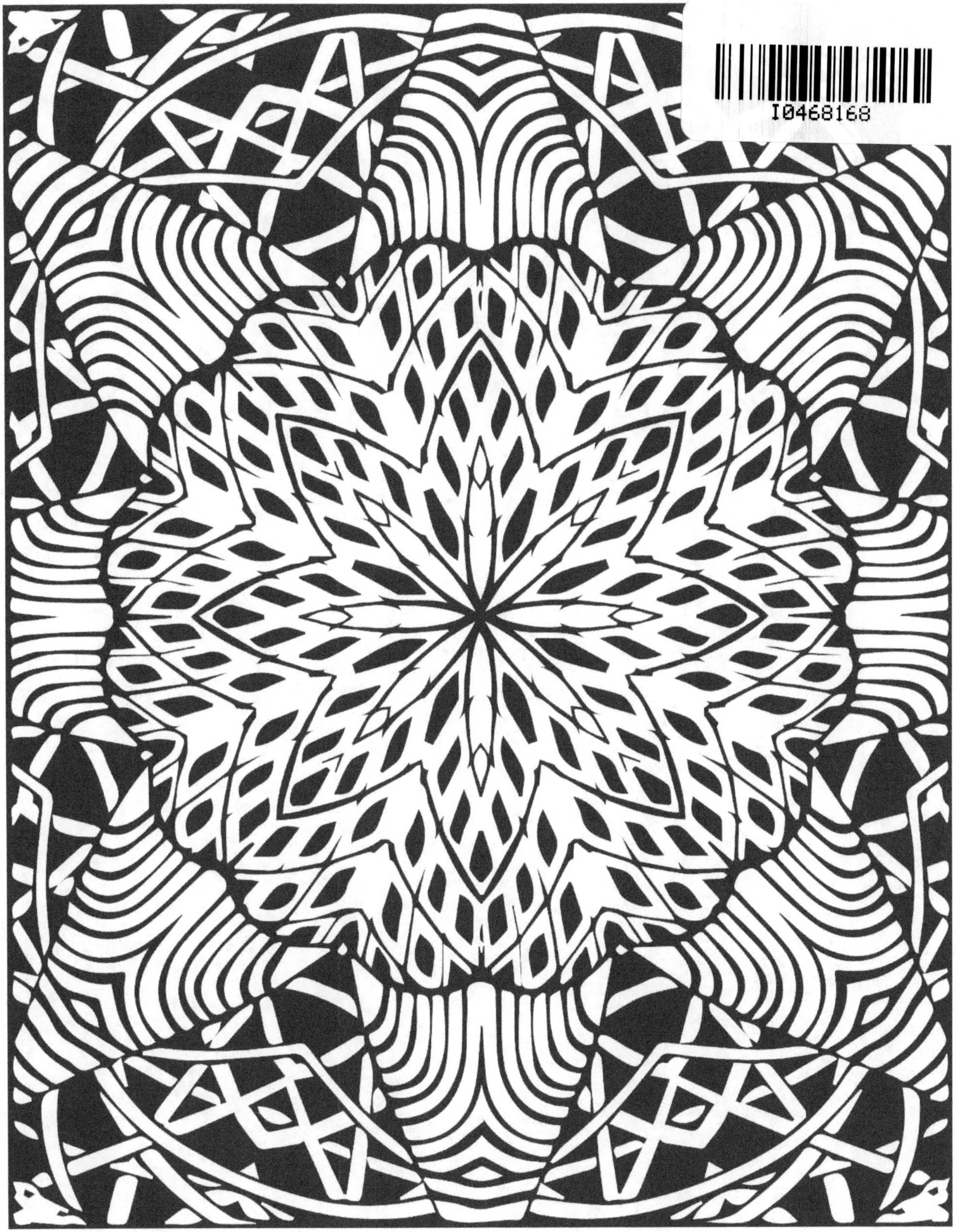

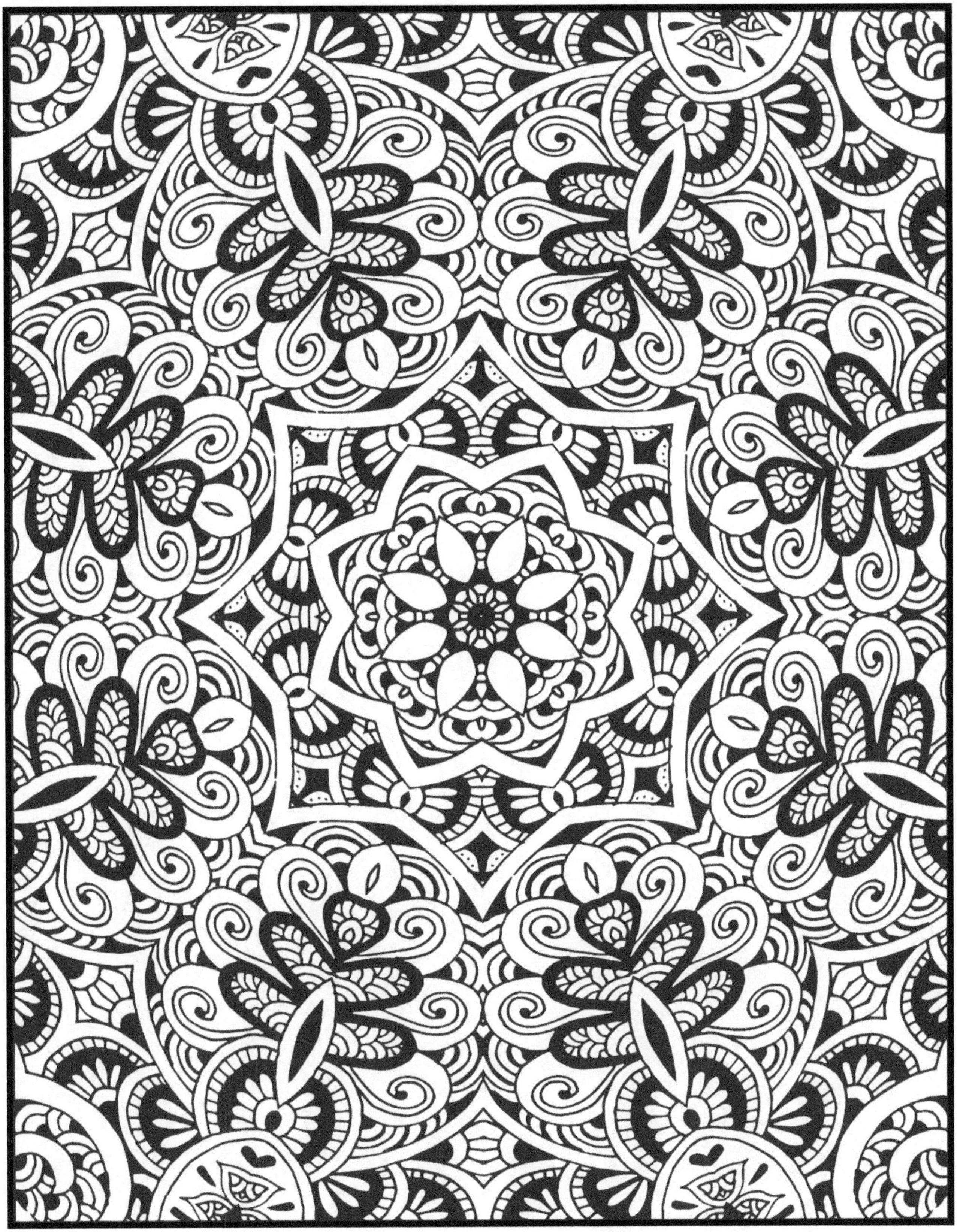

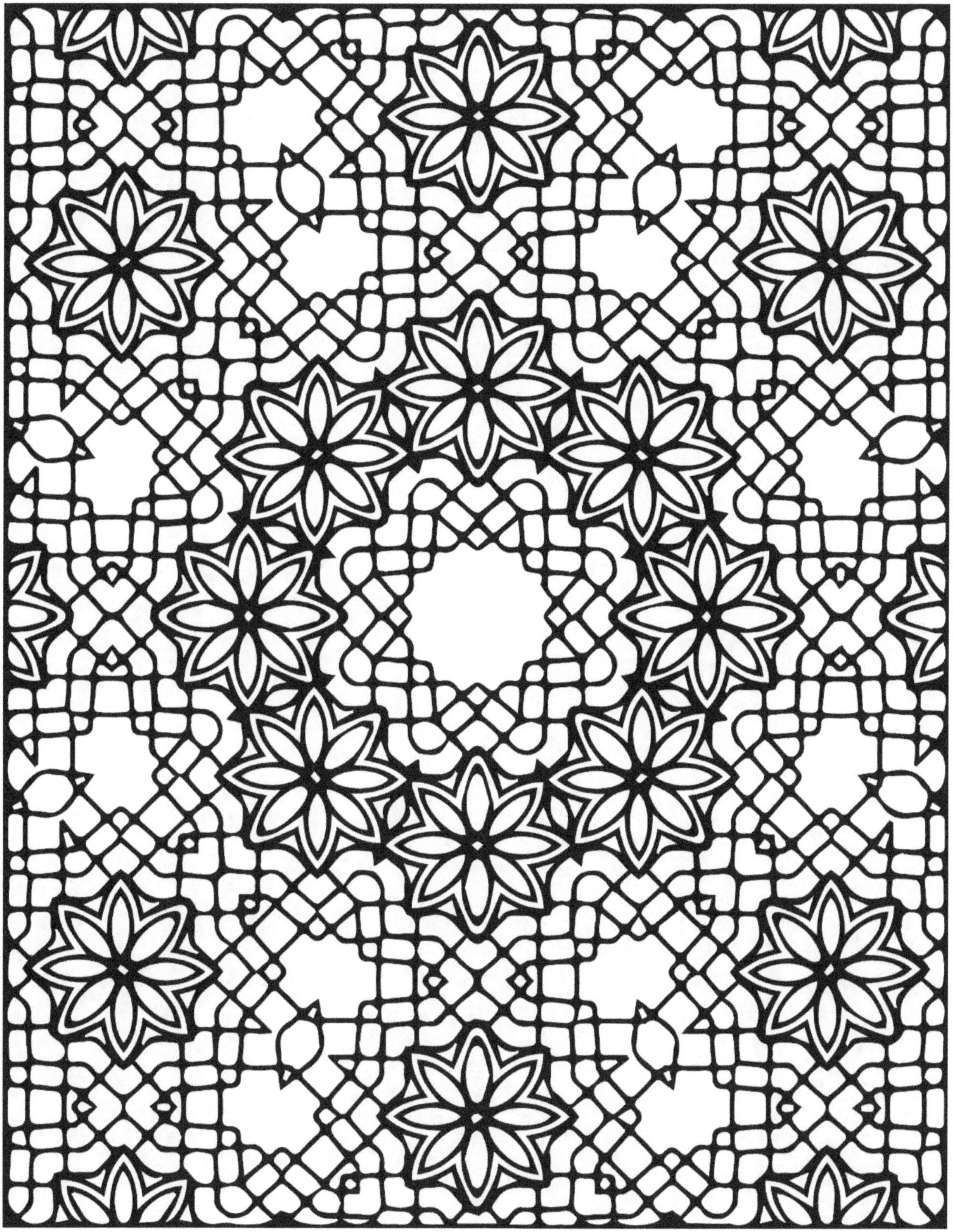

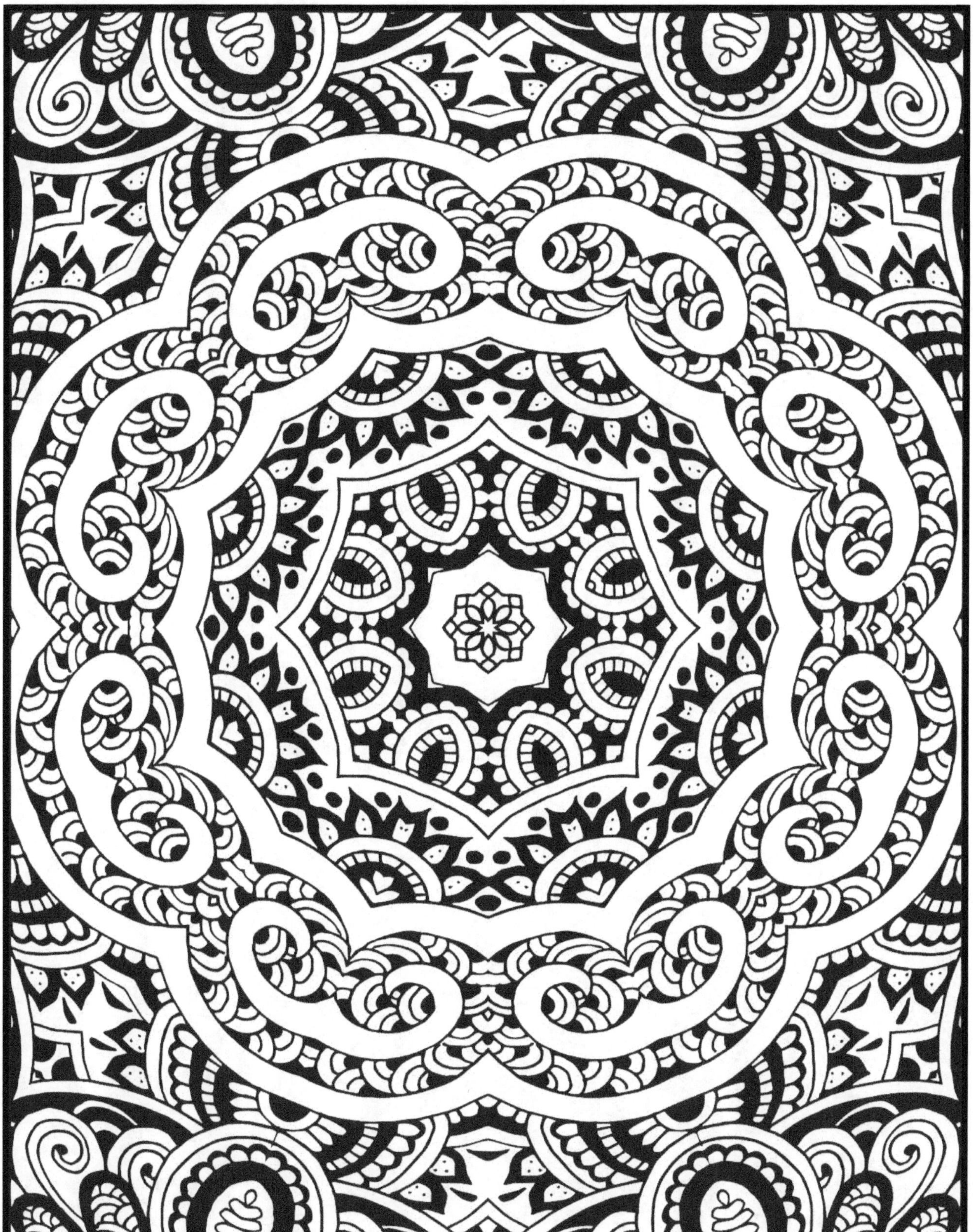

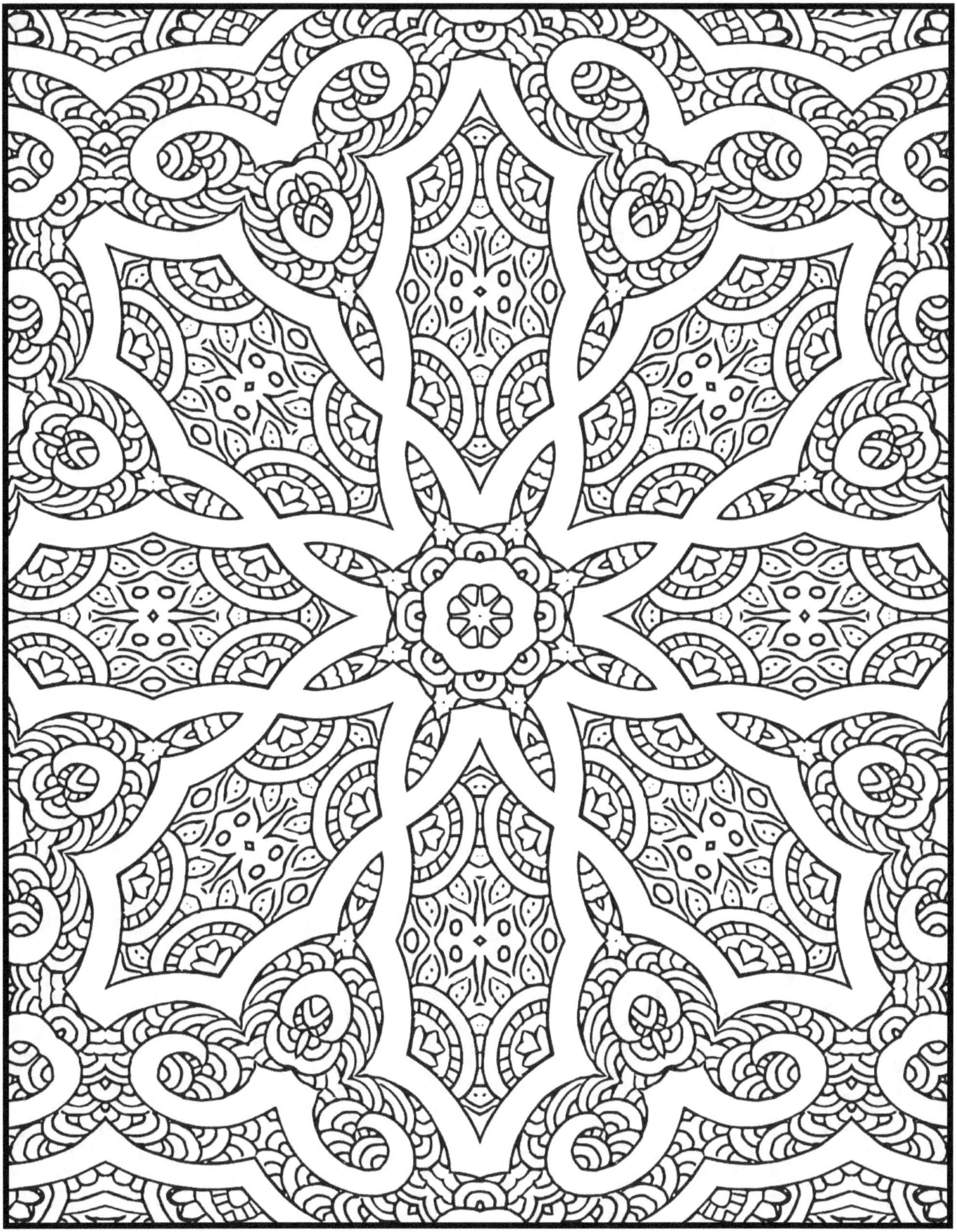

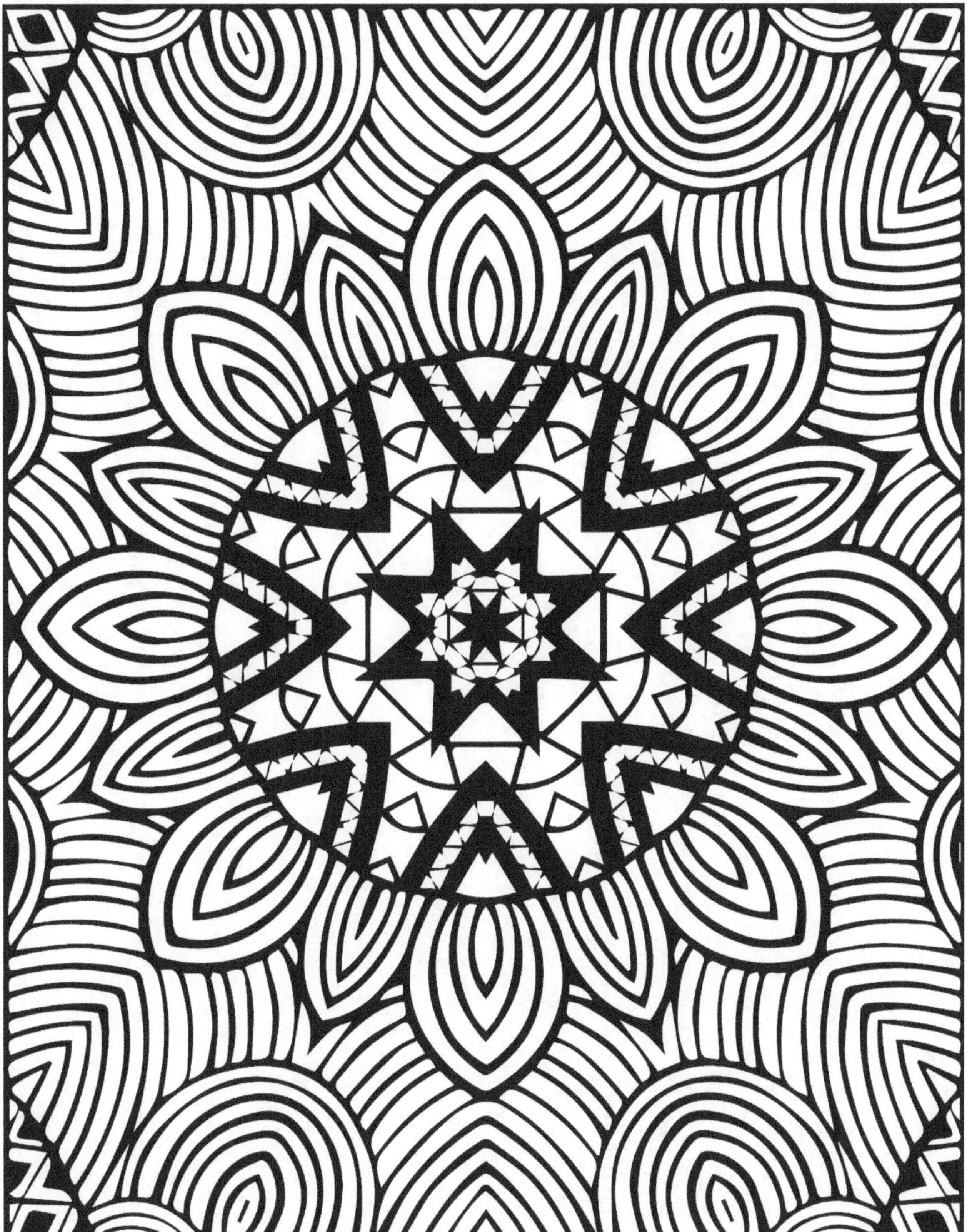

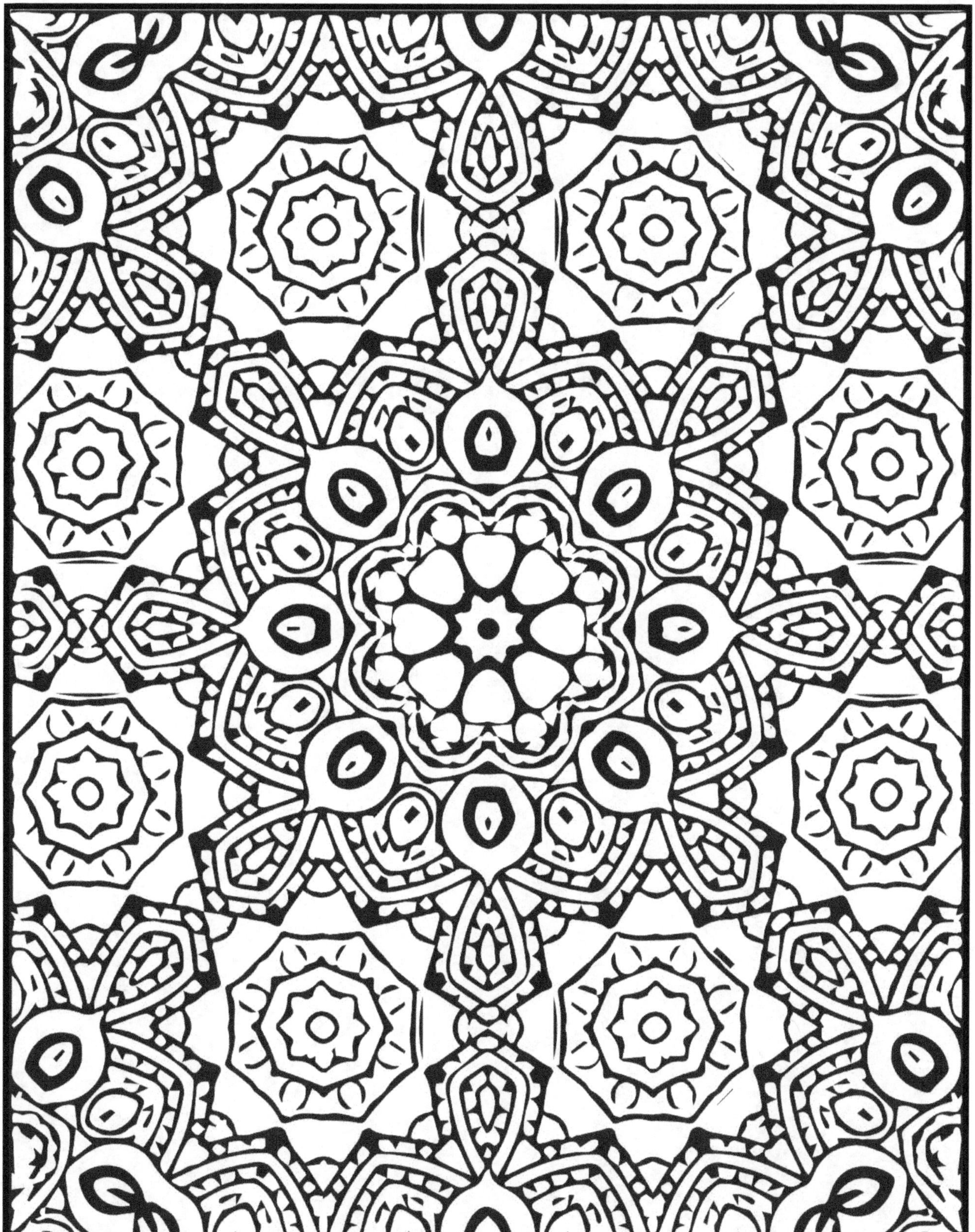

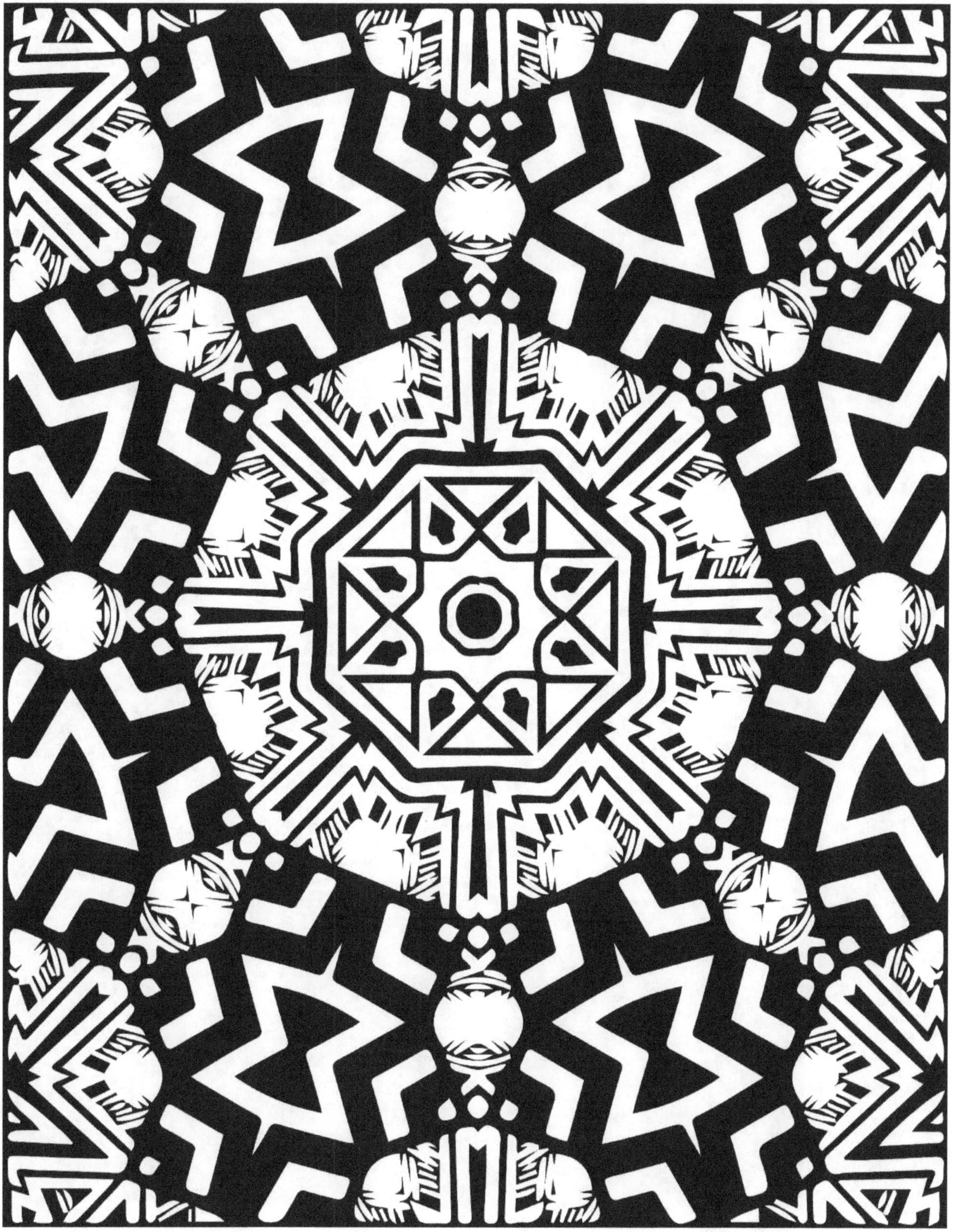

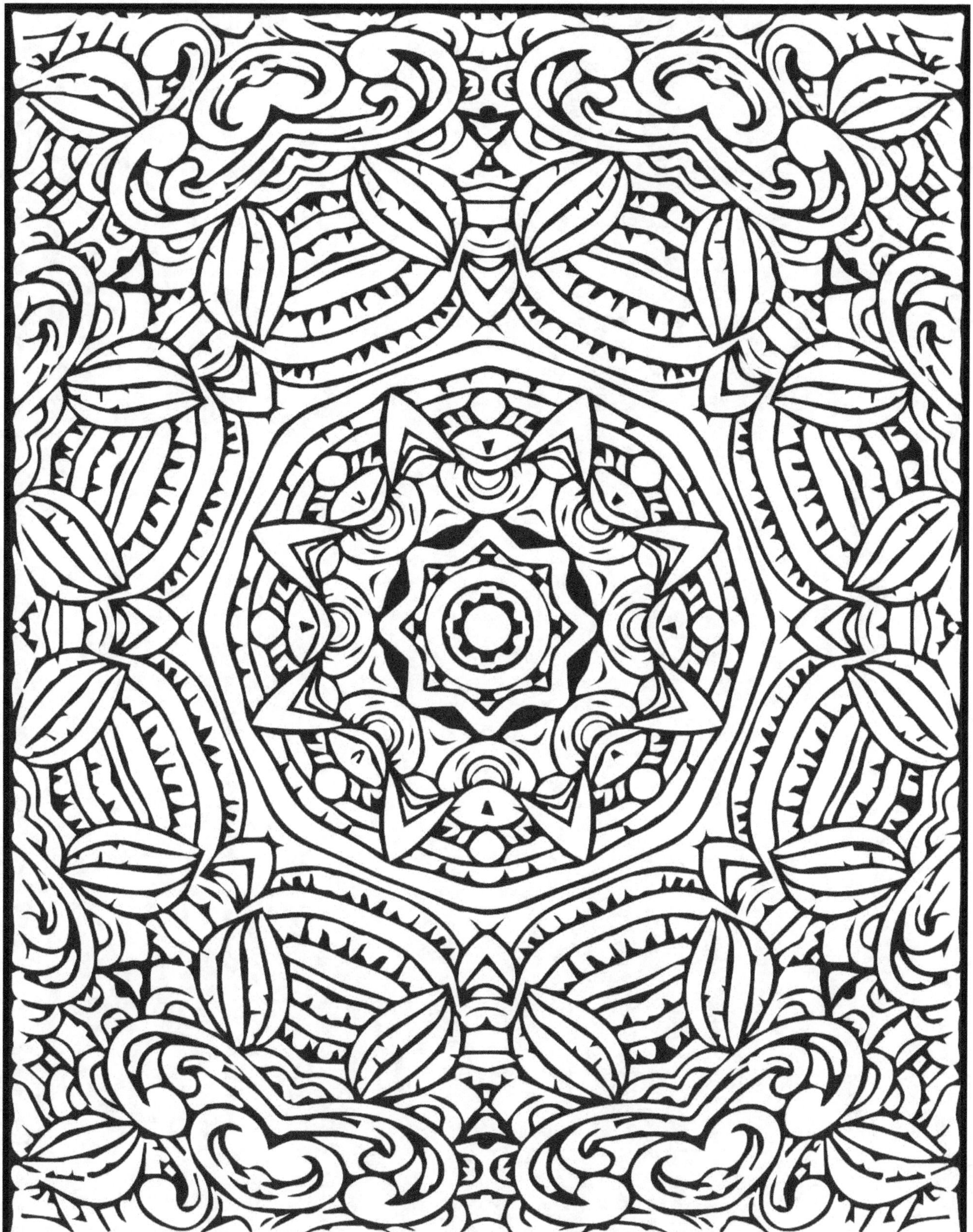

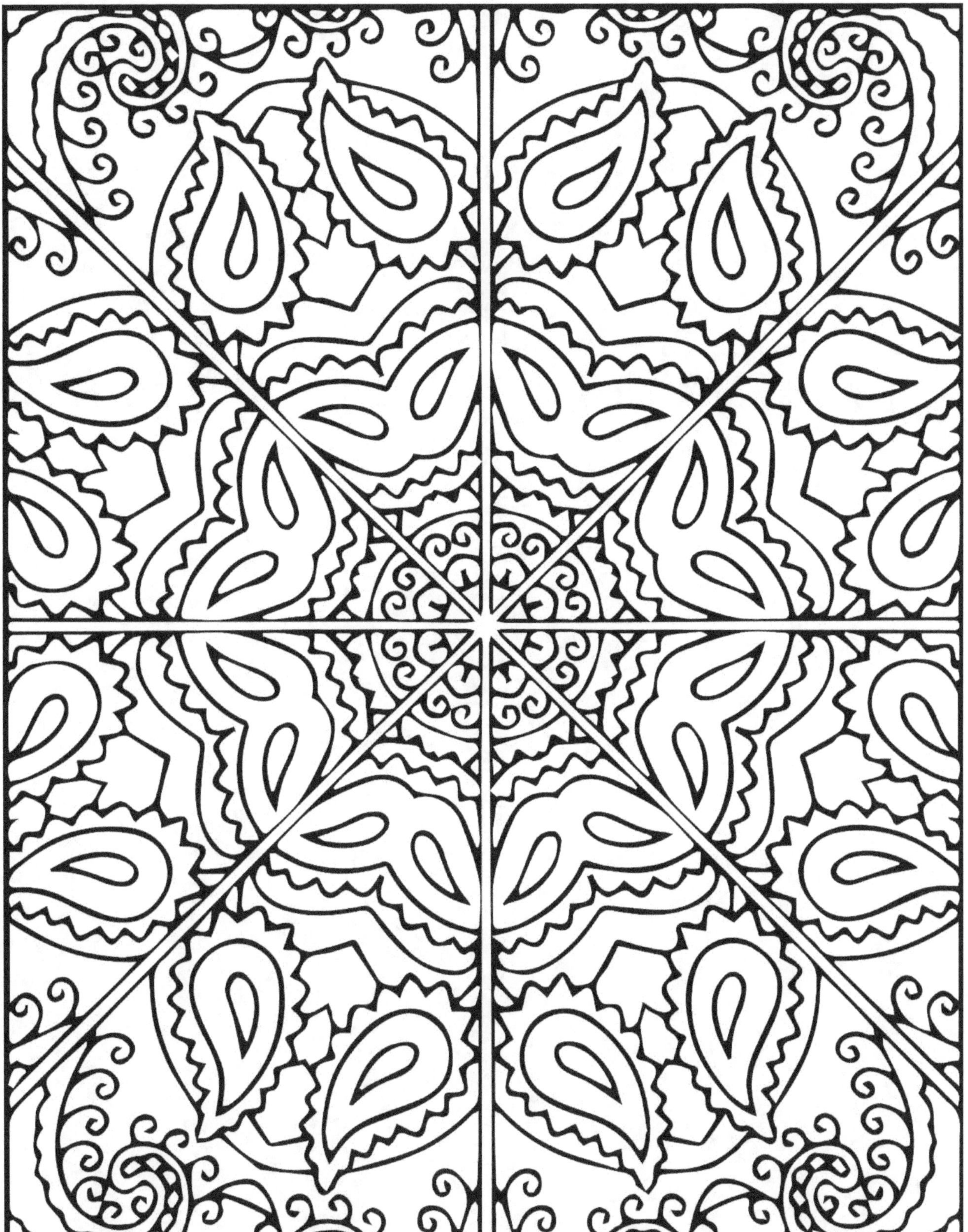

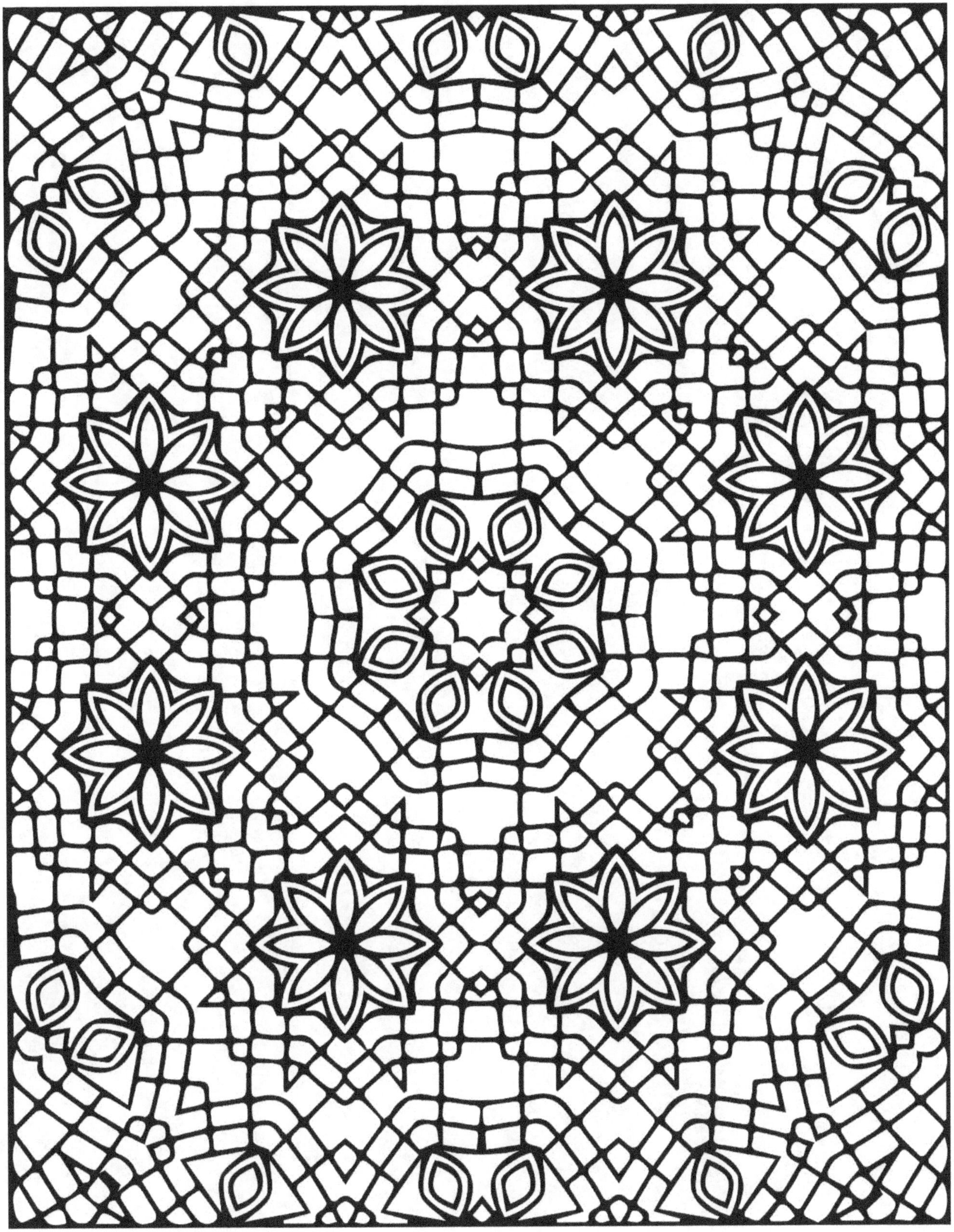

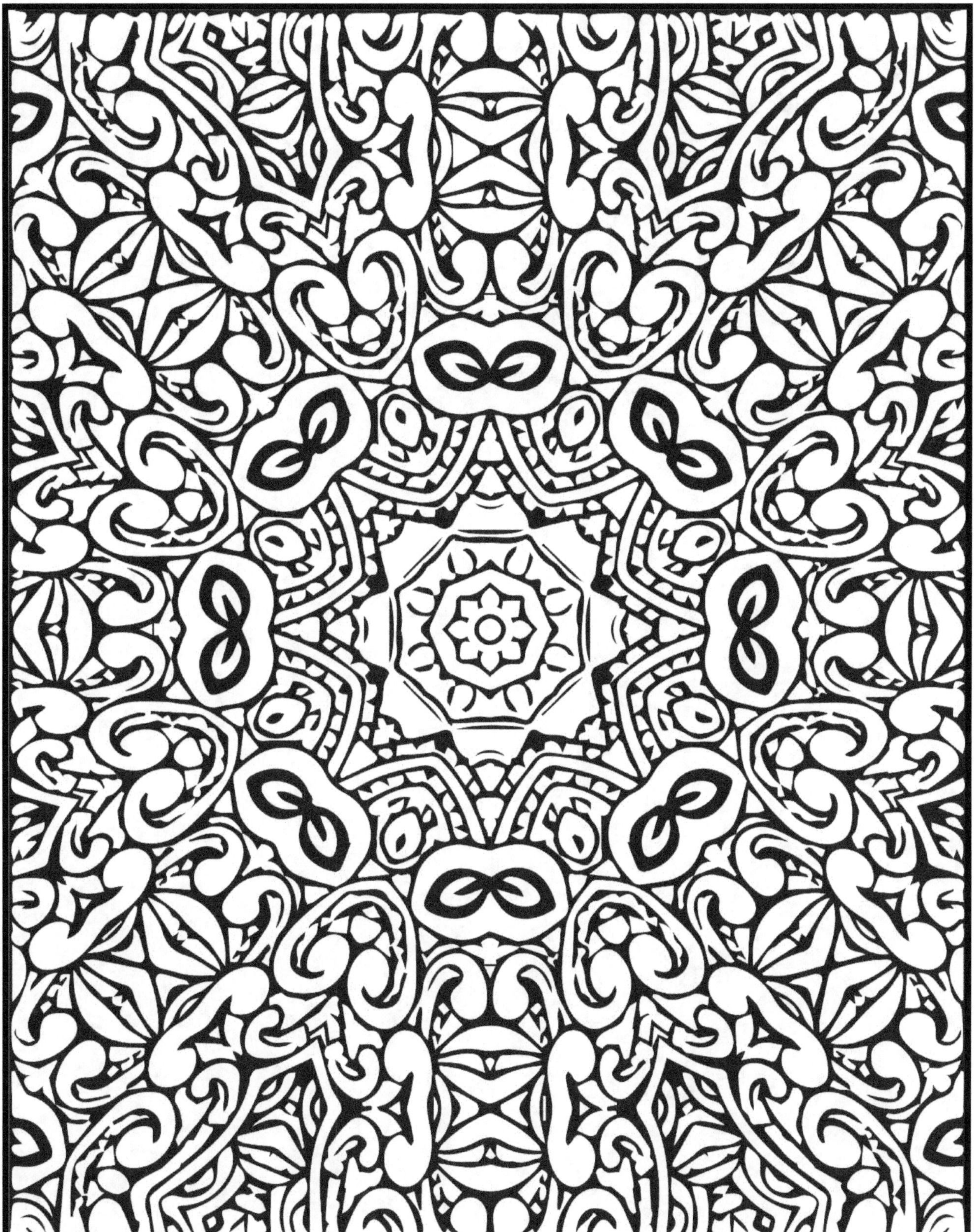

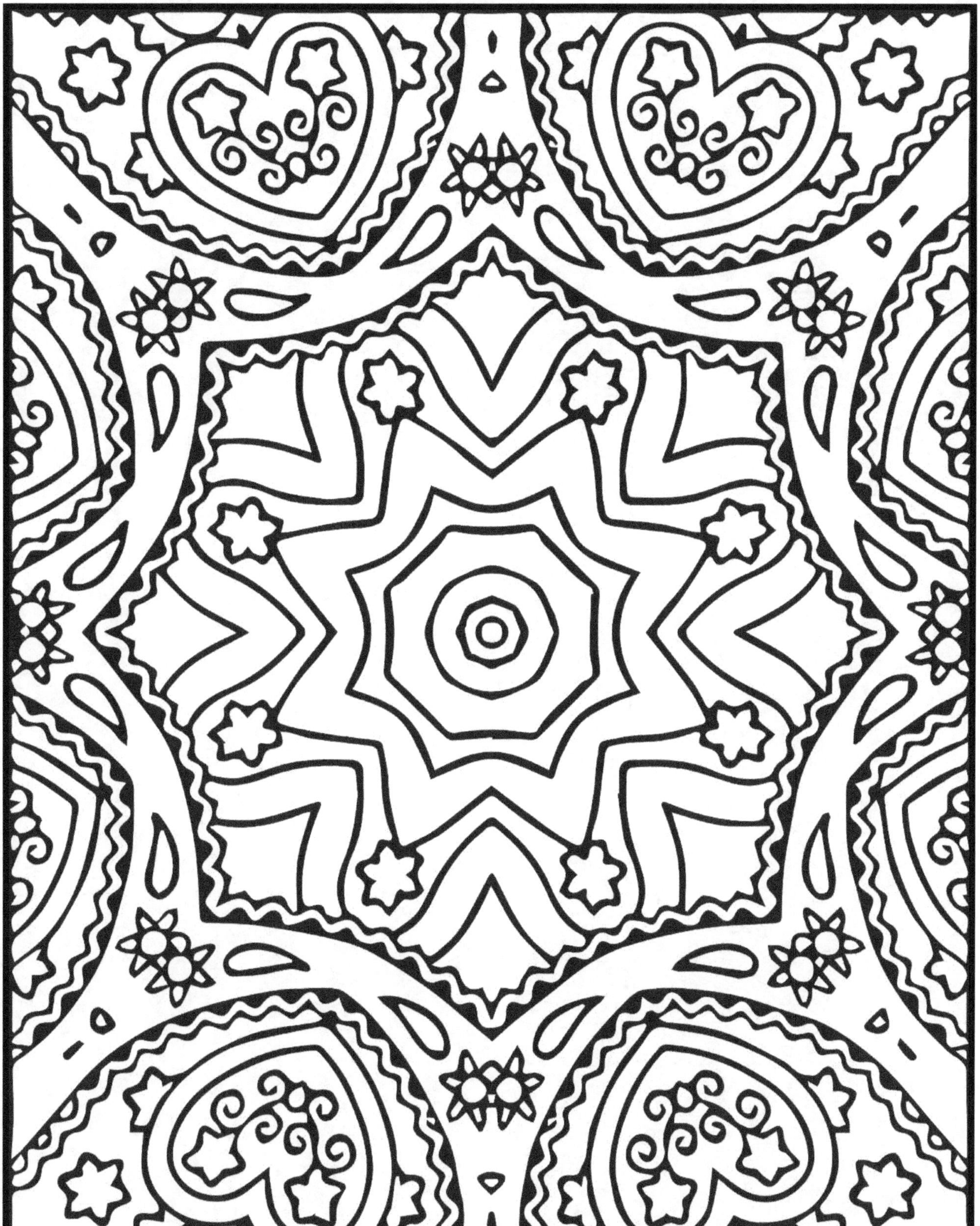

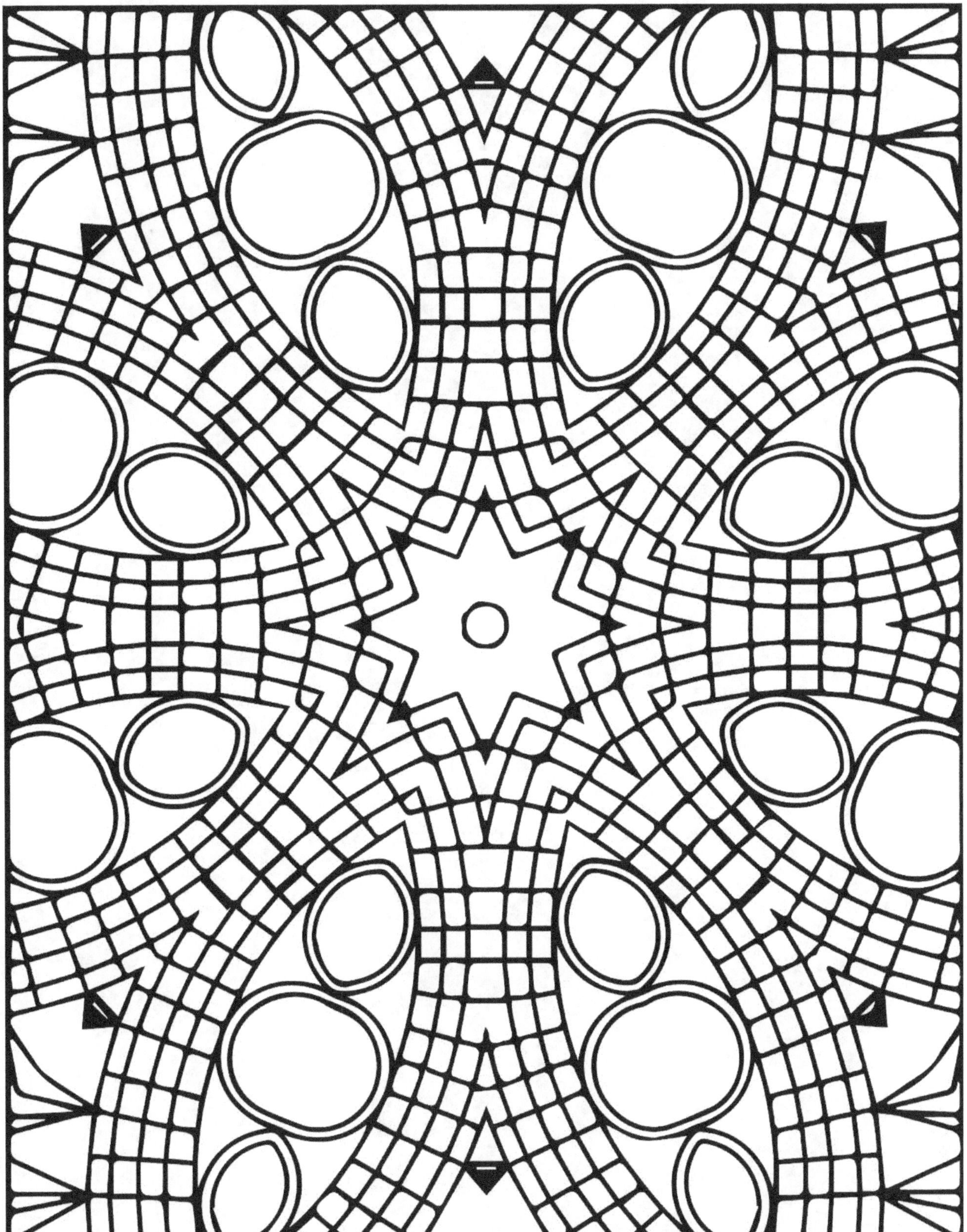

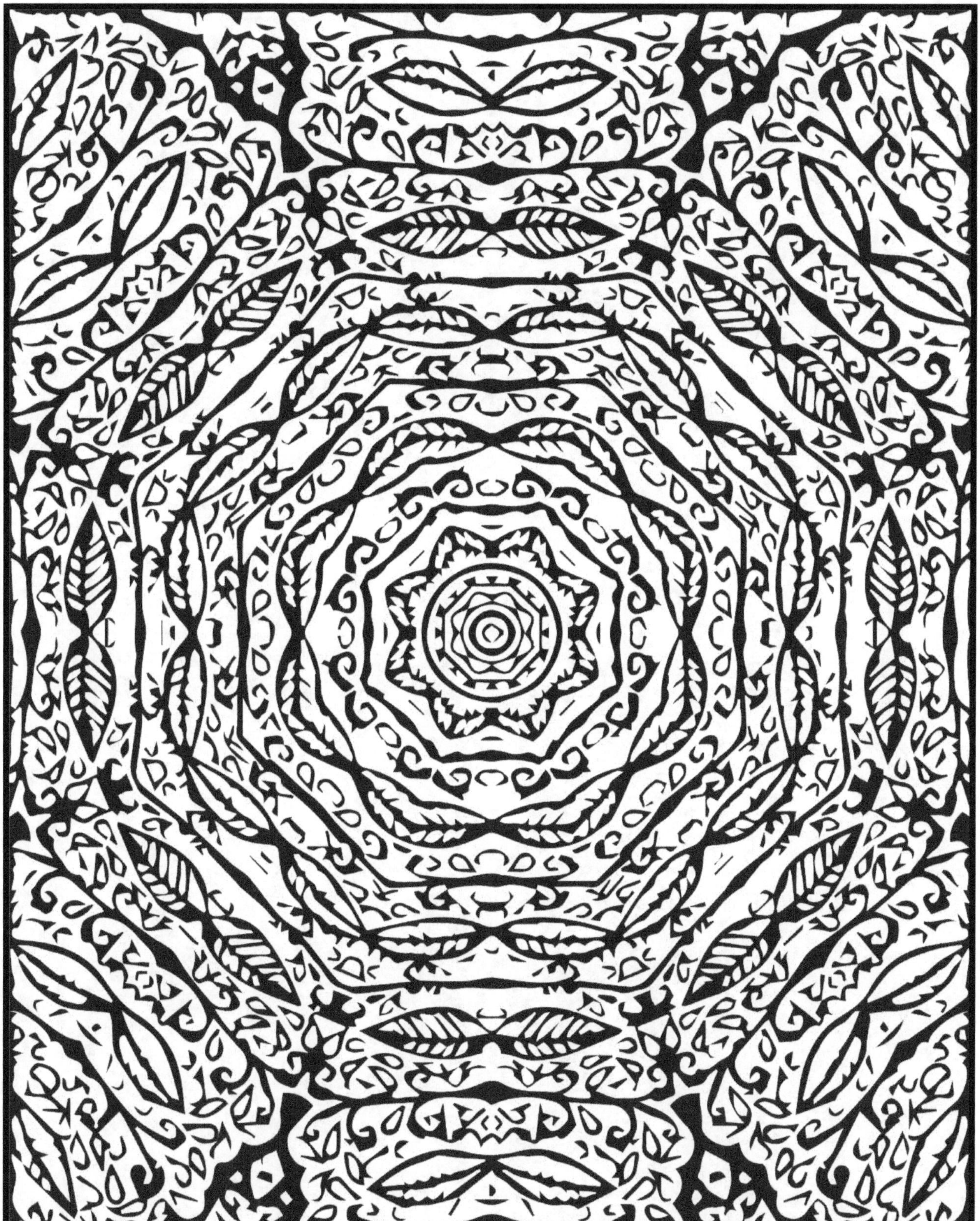

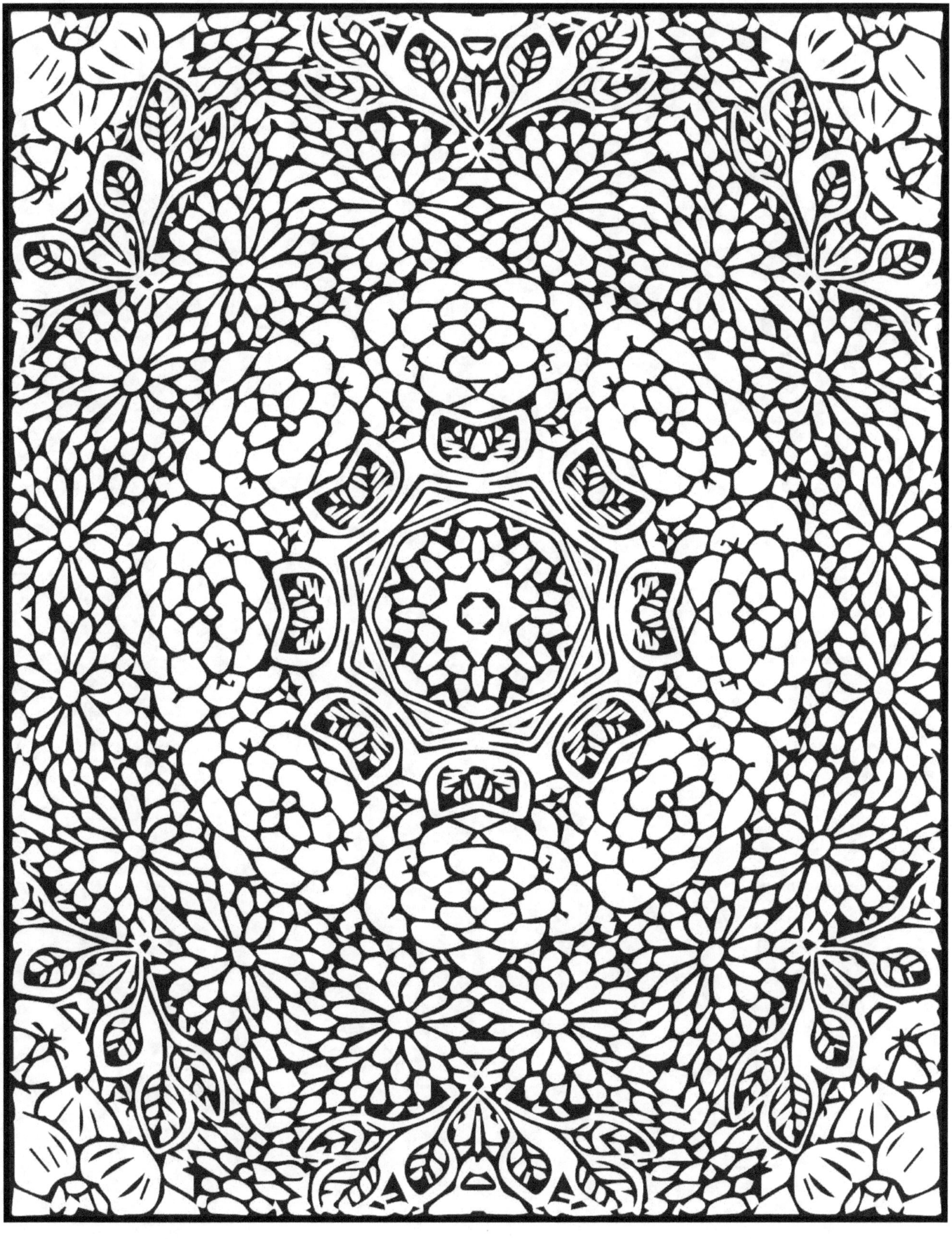

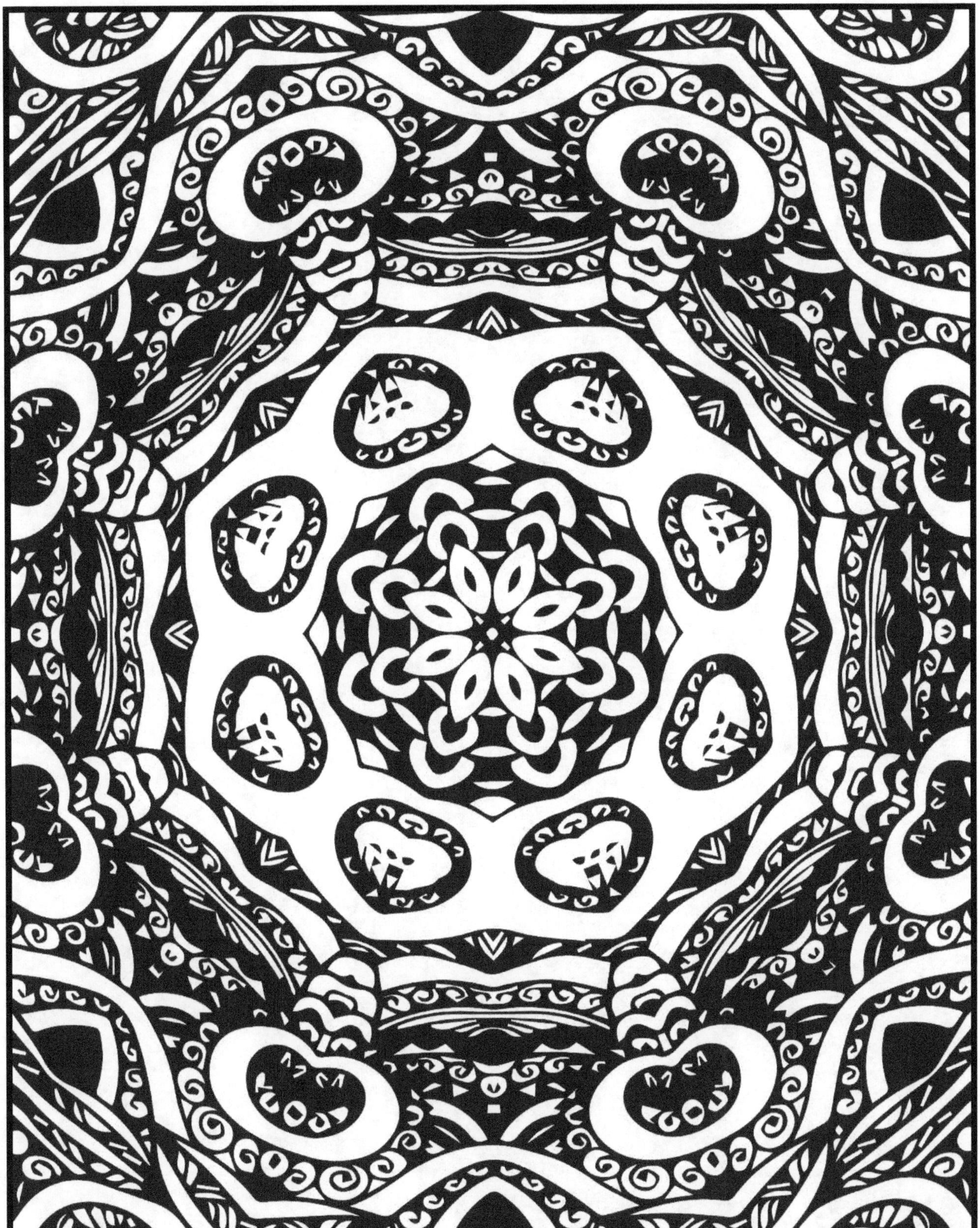

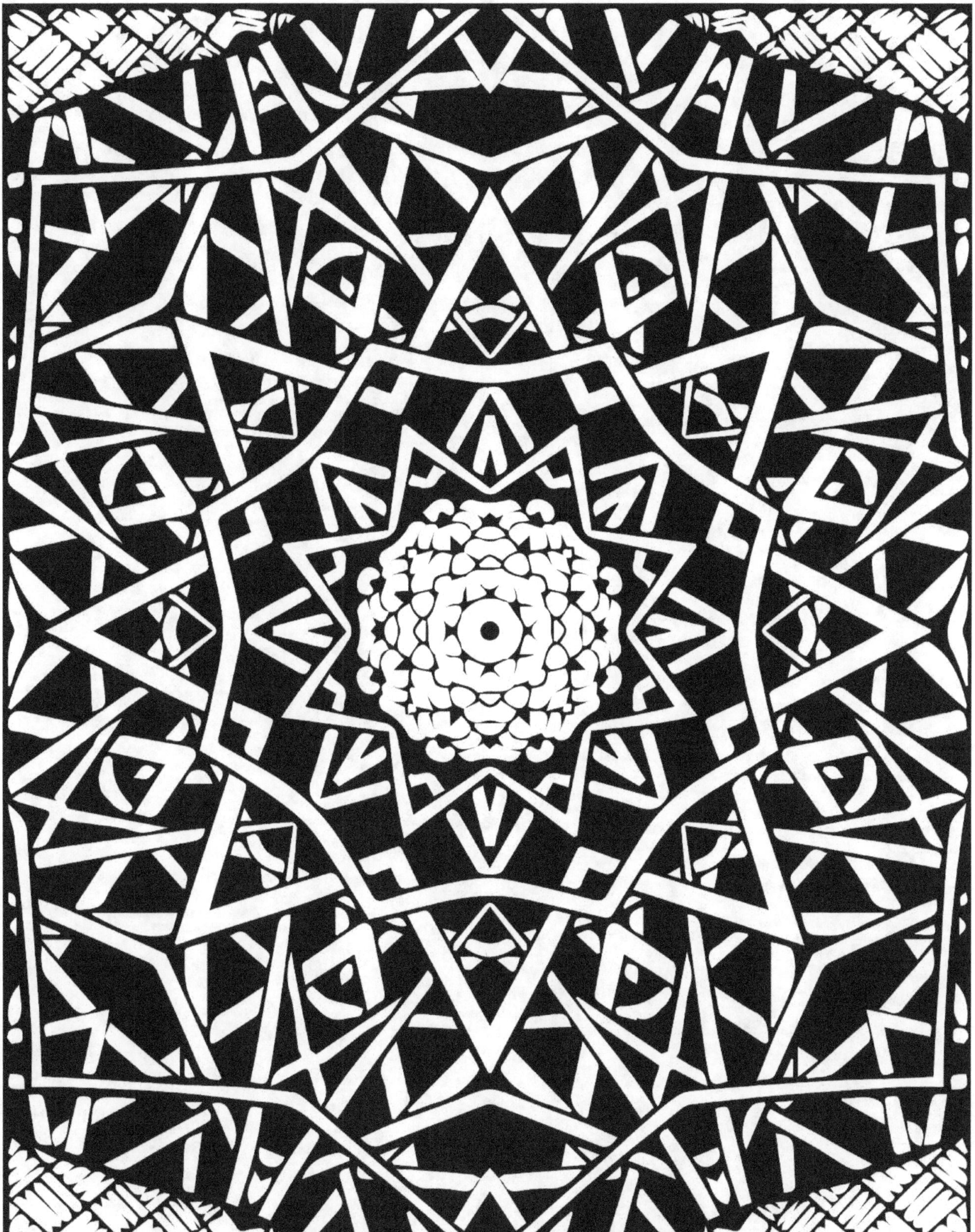

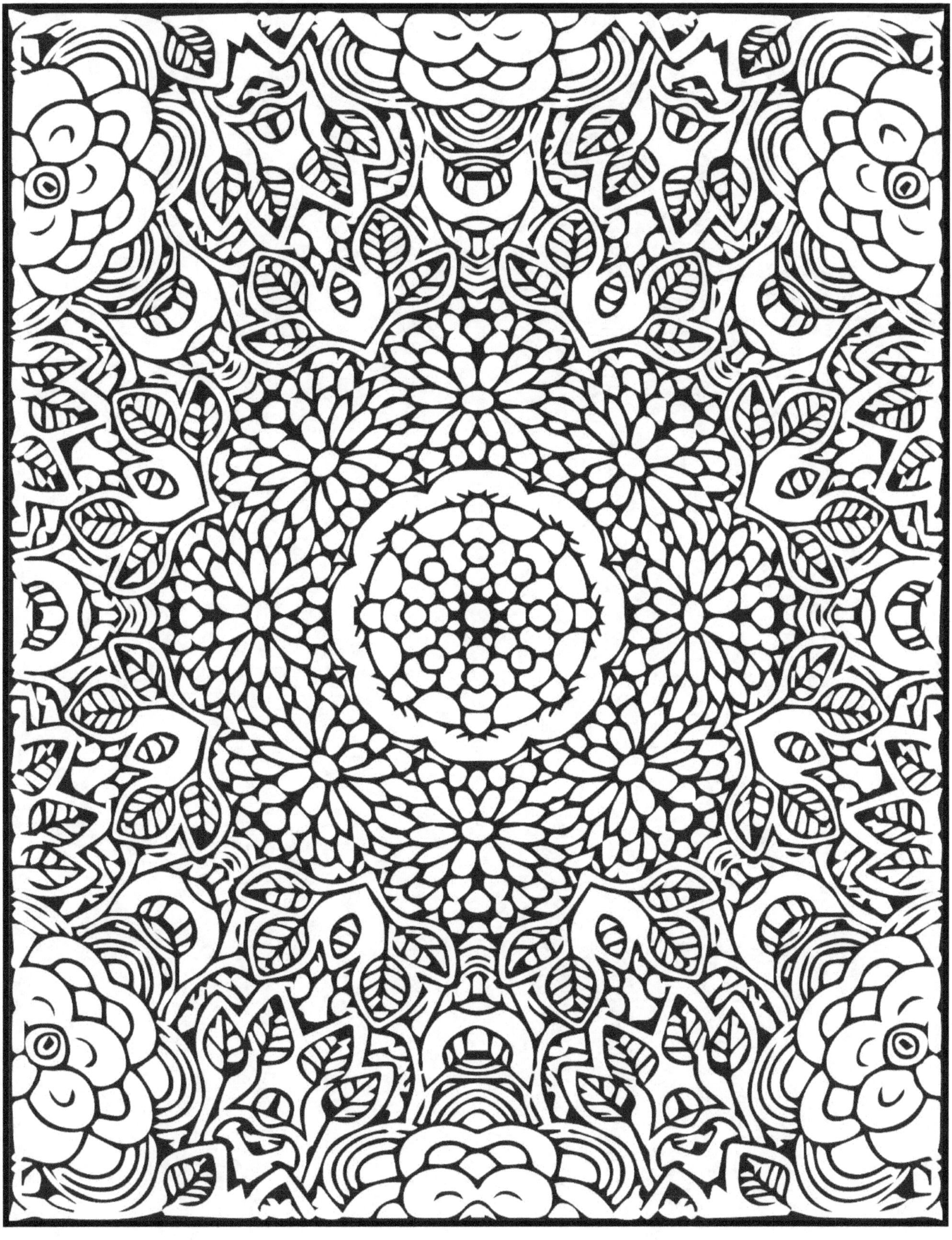

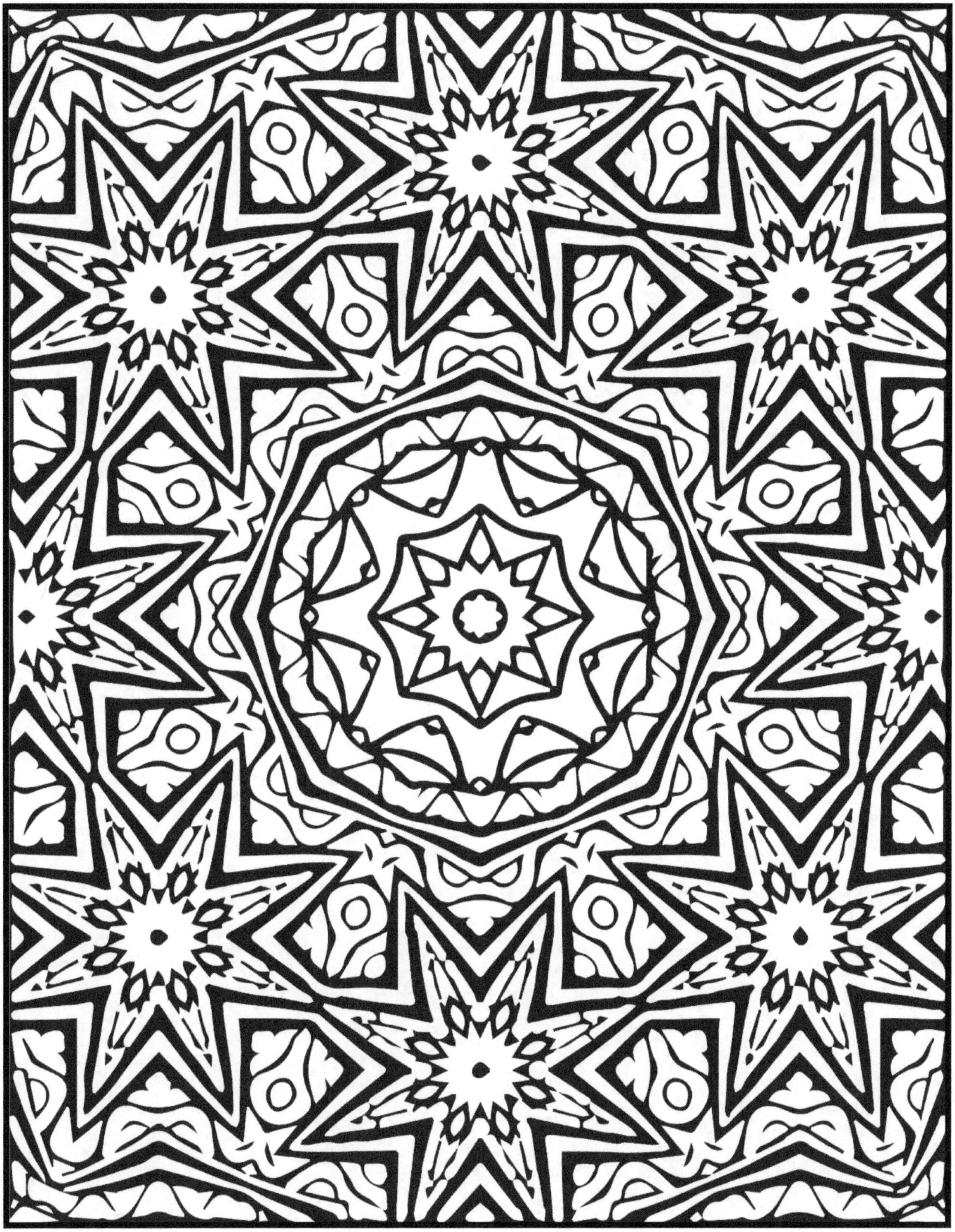

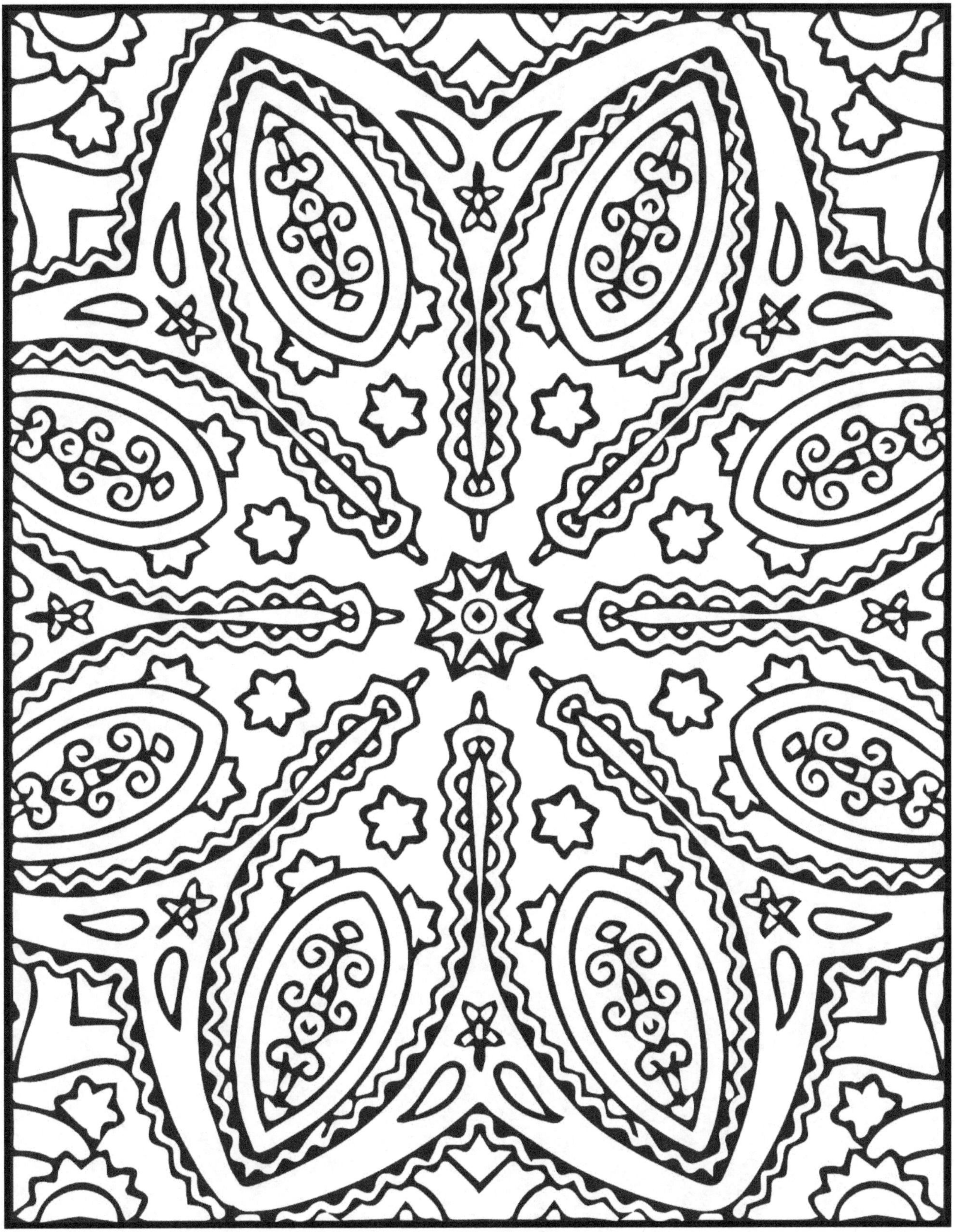

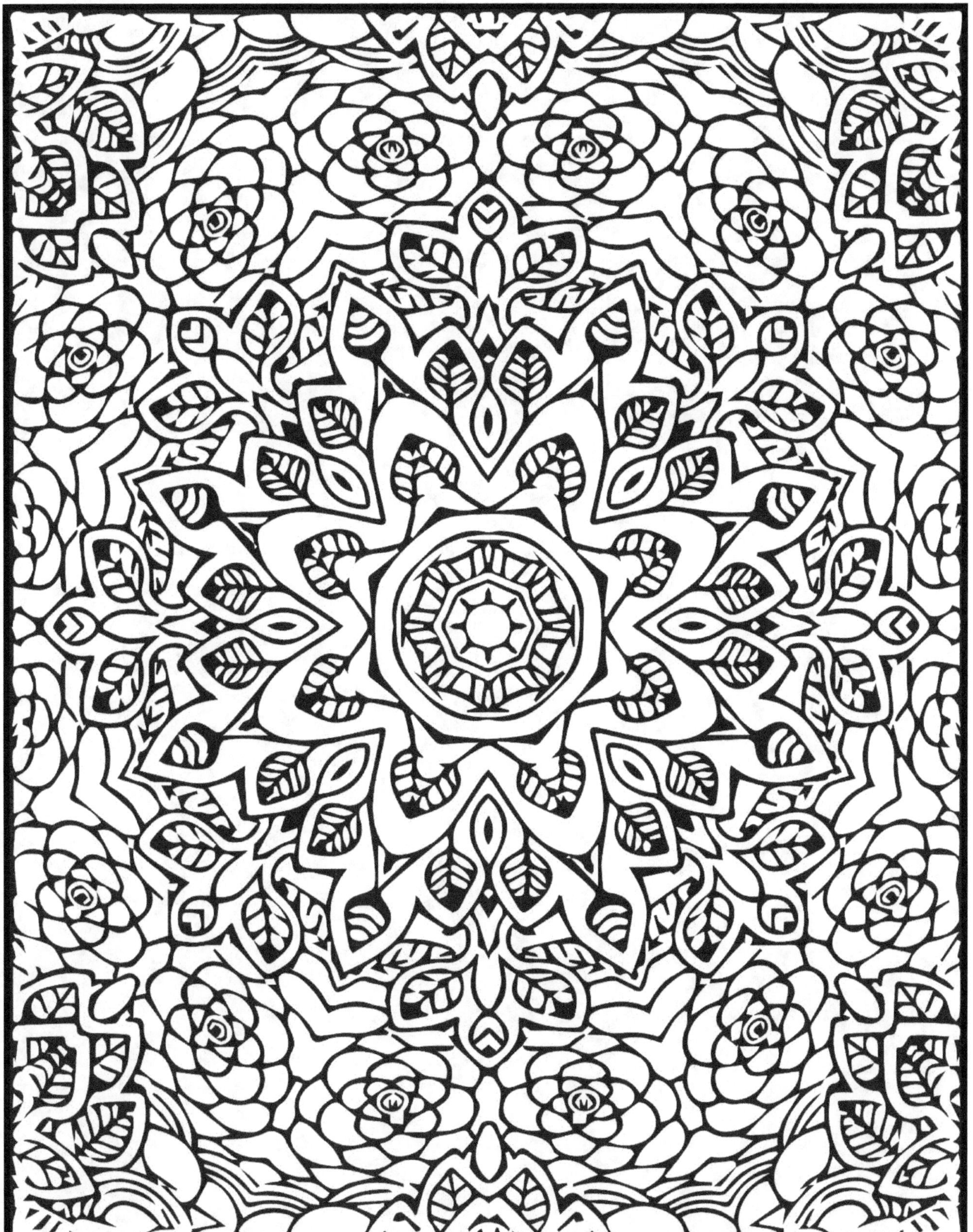

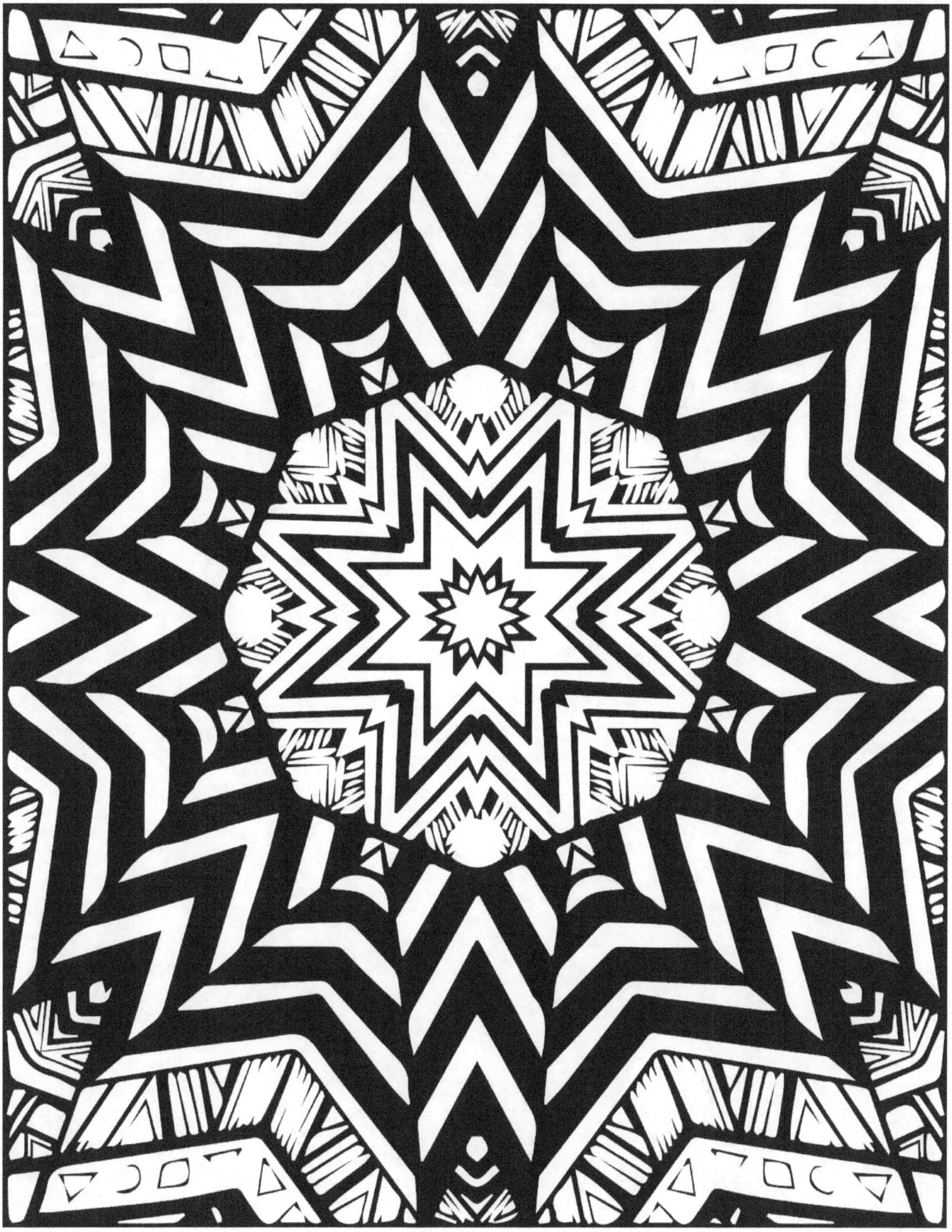

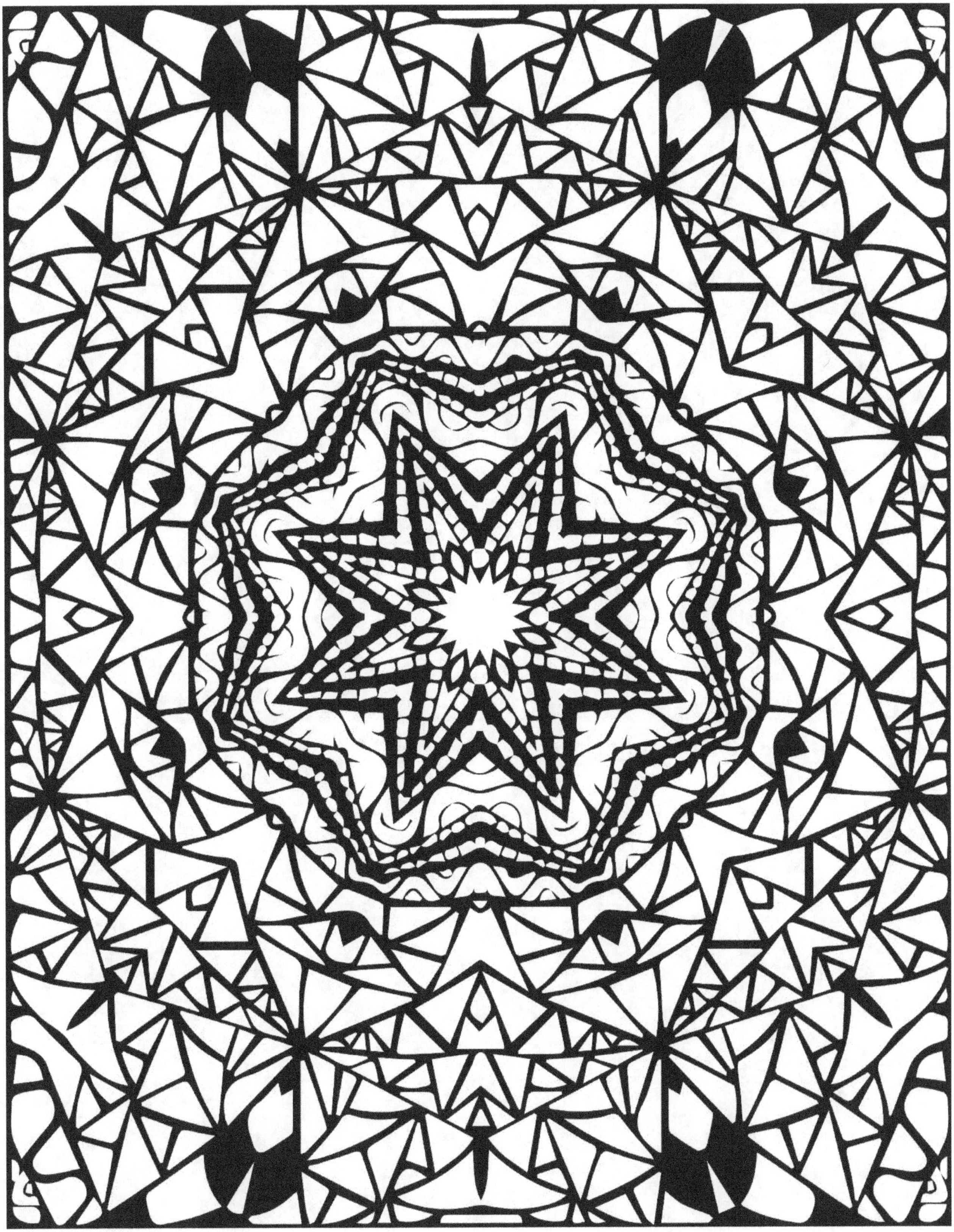

www.ingramcontent.com/pod-product-compliance
Lightning Source LLC
Chambersburg PA
CBHW080605190526
45169CB00007B/2887
* 9 7 8 1 5 3 0 0 3 5 4 4 1 *